¿A quién le toca?

Gabriela Peyron
Ilustraciones de Valeria Gallo

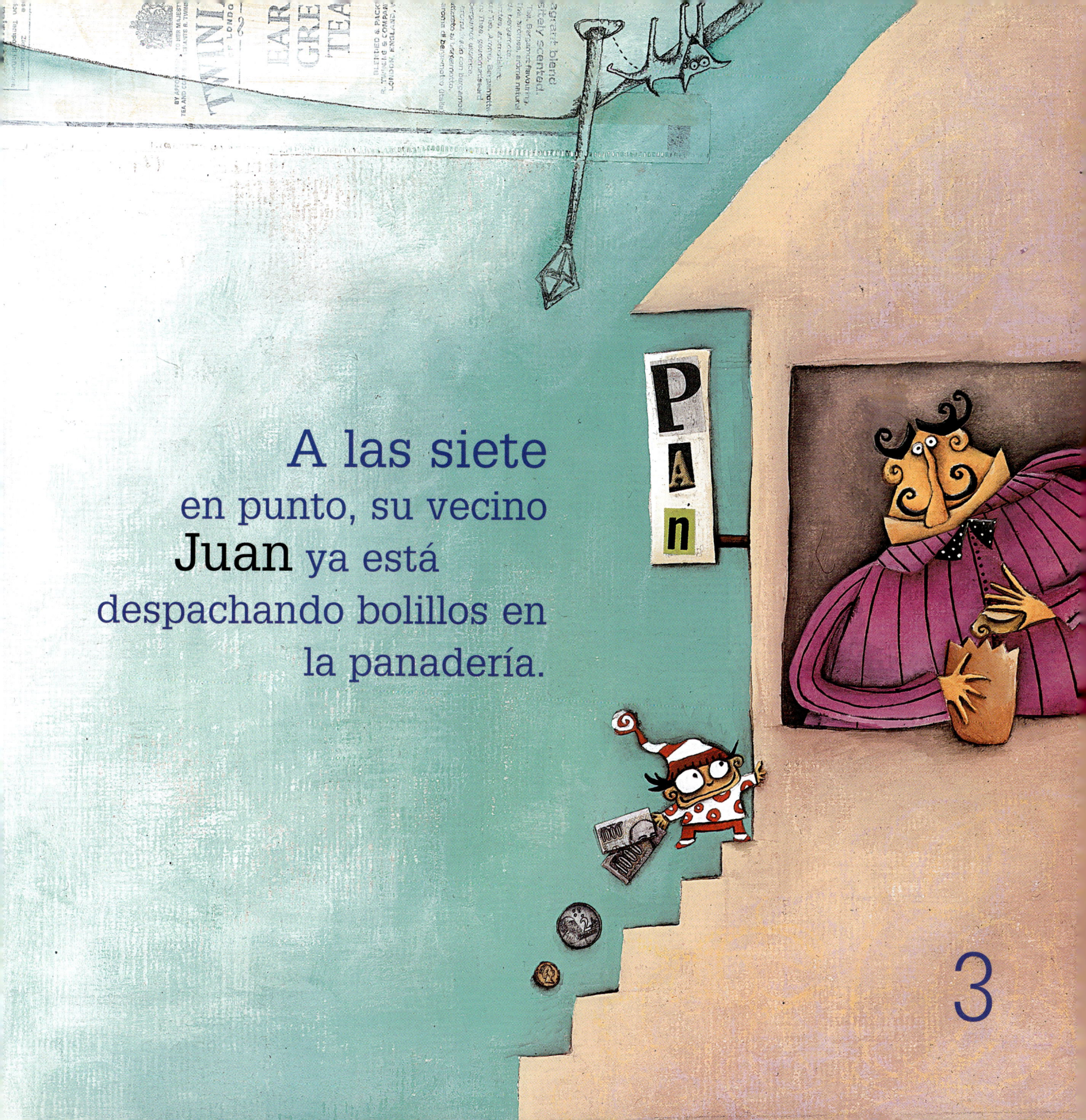

A las siete en punto, su vecino Juan ya está despachando bolillos en la panadería.

Además compartimos muchas cosas con otras personas; por ejemplo, los parques y la casa.

Por eso, aunque
somos diferentes,
para vivir en sociedad,
tomamos en cuenta
a los demás y no hacemos
sólo lo que
nos viene en gana.

Por esto mismo, luego de levantarse de la cama, **Nicanor** va de puntitas al baño, procurando no hacer ruido, pues en su casa, **los demás** están todavía durmiendo.

Rosita espera
a que pase la gente
que va **por la calle,**
antes de barrer la banqueta,
para no ensuciarle los pies.

Y **Elvira**, cuando baja las escaleras, **le ayuda** a una señora que viene cargando a un bebé y trae unos paquetes.

Unos minutos antes de las siete, ha pasado **alguien** por la calle donde viven Juan, Nicanor, Elvira y Rosita.
Ese **alguien** va comiendo un plátano.

Como el plátano
  está muy maduro,
    ya no se lo termina.
Mira para un lado y otro,
  y como no ve ningún
basurero, simplemente
tira el plátano
          en la banqueta.

El plátano a medio terminar queda embarrado en el suelo.

Aquí viene **Juan**.
Antes de llegar al punto donde está el plátano embarrado, cruza la calle rumbo a la panadería.
¡Qué suerte!
¡Se salvó!

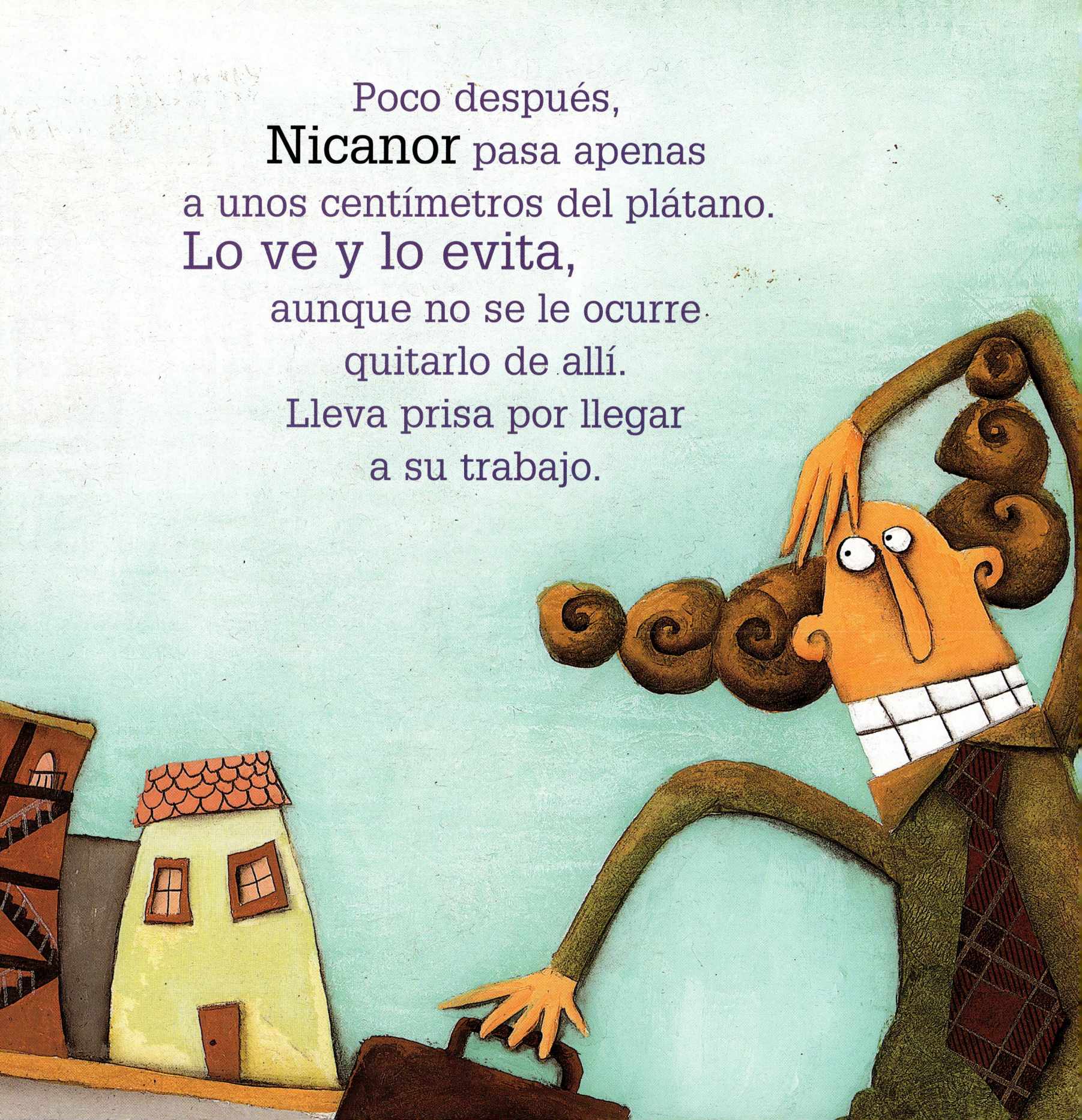

Poco después, **Nicanor** pasa apenas a unos centímetros del plátano. Lo ve y lo evita, aunque no se le ocurre quitarlo de allí. Lleva prisa por llegar a su trabajo.

 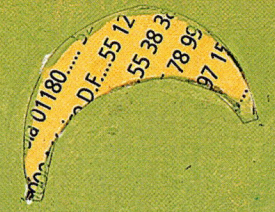

Aquí viene **Elvira**, muy quitada de la pena. Está a sólo tres pasos del plátano y va derechito hacia él.

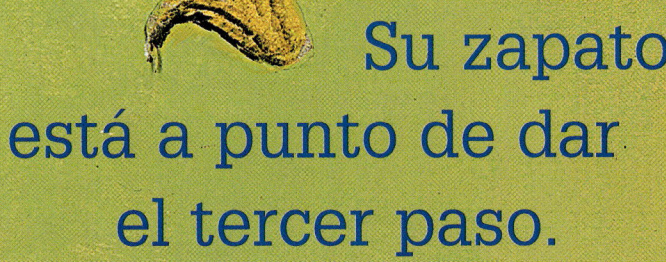

Su zapato está a punto de dar el tercer paso.

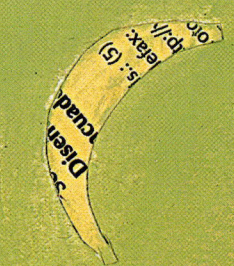

— Buenos días, Rosita —saluda Elvira a su vecina que está del otro lado de la calle. **Rosita vio** cuando alguien tiró el plátano y le pareció que **estaba muy mal,** pero pensó que no le correspondía a ella barrerlo.

Elvira con una sonrisa de oreja a oreja y con la mano en el aire, **da el tercer paso,** pisa el plátano, se resbala y cae. En seguida **Rosita** suelta la escoba y corre **para ayudar** a su vecina.

Elvira llora. Por la caída y por la rabia que le da ver su pantalón lleno de tierra, y su cuaderno de geografía flotando en un charco. Si ese plátano **no hubiera estado** allí tirado, ahorita mismo **Elvira** se estaría subiendo al autobús e **iría sonriente** con su pantalón tan limpio como cuando se lo puso antes de salir.

Si pudieras
  regresar en el tiempo,
a las siete de la mañana
de ese día fatídico
  para **Elvira**,

¿qué cambiarías en esta historia?

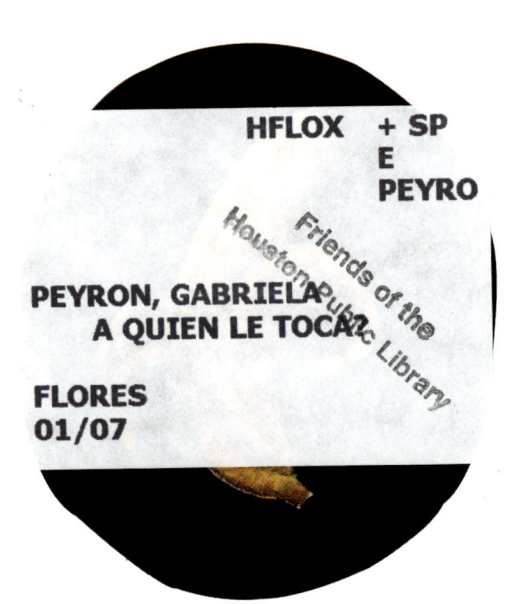